डूबकर डूबा नहीं हरसूद

(प्रेमशंकर रघुवंशी की लम्बी कविता)

डूबकर डूबा नहीं हरसूद

प्रेमशंकर रघुवंशी

भारतीय ज्ञानपीठ

लोकोदय ग्रन्थमाला : ग्रन्थांक 1260

ISBN 978-93-263-5417-2

डूबकर डूबा नहीं हरसूद

(लम्बी कविता)

प्रेमशंकर रघुवंशी

प्रथम संस्करण : 2015

मूल्य : 80 रुपये

प्रकाशक : **भारतीय ज्ञानपीठ**

18, इन्स्टीट्यूशनल एरिया, लोदी रोड, नयी दिल्ली-110 003

मुद्रक : विकास कम्प्यूटर्स ऐंड प्रिन्टर्स, दिल्ली-32

आवरण : महेश्वर

DOOBKAR DOOBA NAHNI HARSOOD
(Long-poem)
by Premshankar Raghuvanshi

Published by
Bharatiya Jnanpith
18, Institutional Area, Lodi Road, New Delhi-110 003
Ph. : 011-24698417, 24626467; 23241619 (Daryaganj)
Mob. : 9350536020; e-mail : bjnanpith@gmail.com
sales@jnanpith.net; website : www.jnanpith.net

First Edition : 2015
Price : Rs. 80

हरसूद अभिनव संस्था के साथियों को जो इस कविता से प्रभावित हैं—
इसके साथ रघुवीर शर्मा, बसन्त पांचोले, शिवशंकर शर्मा
डॉ. डी.पी. अग्रवाल, गुलाबचन्द्र सोनी, श्रीमती नन्दासिंग ठाकुर
डॉ. राजेश पाचोले, प्रदीप दुबे, वंशी अग्रवाल

और इन्हें भी जिन्होंने कविता पढ़ते ही अपनी लम्बी टिप्पणियाँ दीं ये हैं—
मेधा पाटेकर, अनुपम मिश्र, विनीत तिवारी, राकेश दीवान, प्रदीप जिलवाले
और विजयमनोहर तिवारी सबके प्रति कृतिज्ञता प्रकट करते हुए

लम्बी कविता के कवि—
केदारनाथ सिंह और चन्द्रकान्त देवताले को सादर समर्पित

—प्रेमशंकर रघुवंशी

पर्यावरण और सभ्यता के विध्वंस के खिलाफ दस्तावेज

इक्कीसवीं शताब्दी की शुरुआत से ही जनता तथा वर्ग जान गये हैं कि भारत में तीन ज्वालामुखी धुँधुवा रहे हैं जिनमें धधकना और विस्फोट अवश्यंभावी हैं। वे हैं (1) वंचित प्रवंचित ग्राम्य-आदि-गिरि जनों की त्रयी और उनका अभ्युत्थान, (2) नारी और उसका सशक्तिकरण-समानता, तथा (3) दलित जनों का सामाजार्थिक अभियान।

लोकतन्त्र के पटल पर इन्हें केन्द्रवर्ती, केन्द्र से वाम तथा केन्द्र से दक्षिण दिशाओं में क्रियमाण पाया जाता है। सांस्कृतिक चक्र में हमें प्रति क्रियावादी-सामंतीय, आधुनिक, उत्तर-आधुनिक, अतिवादी हाशियों से रू-ब-रू होना अनिवार्य है।

ऐसे में साहित्य में 'लम्बी कविता' का संरूप तो प्रस्तुत है किन्तु उसकी विधा (जेनर) का निर्धारण नहीं है। हम निराला की 'राम की शक्तिपूजा' से चलते हुए प्रेमशंकर रघुवंशी की 'डूबकर डूबा नहीं हरसूद' तक आन पहुँचे हैं। रघुवंशी ने तो इसमें अनगढ़ शिल्प, अर्निदिष्ट विधा तथा घटना-रिपोर्टिंग और कमेन्ट्री का इस्तेमाल करते हुए उथल-पुथल कर दी है। इस लम्बी कविता में आद्योपान्त एक मुकदमा चालू रहता है, रचनाकार तथा आलोचिन्तक के बीच। यह कनिता दर्दनाक तटस्थता के प्रतिपक्ष में ऐतिहासिक सापेक्षता का भी द्वन्द्व पेश करती है। इसमें कवि मानो कवि नहीं रहा, बल्कि एक प्रतिवेदक (रिपोर्टर), संवाददाता (कारेसपांडेंट), विवरणकार (कमेन्टेटर), वीडियोग्राफर, याचिकाकर्ता (पिटीशनर) की अभिभूमिकाओं में आता है। आश्चर्य यह है कि इसमें वास्तविकता (एक्चुअलिटी) और यथार्थता, स्वप्न बनाम भ्रान्ति, इतिहास और लोकतत्त्व का अनूठा मेल है। यह ज़मीनी हकीकत की द्वन्द्वात्मकता, पूँजीवादी-सत्ताधारी वर्गों के द्वन्द्वात्मक अन्तर्विरोधों को दर्शाती है। इस कविता में समय मोहनजोदड़ो की सूचना से लेकर तैमूरलंग द्वारा तबाही तथा अरुन्धति राय एवं मेधा पाटकर तथा बाबा आम्टे और प्रेमशंकर रघुवंशी

तक को दोहराता तथा लौट-लौटकर आता है। हरसूद-आँचल का जनजीवन तथा भारत का समाज आमने-सामने दर्पण की भाँति चमकने लगते हैं। इसकी केन्द्रीय कथावृत्ति (थीम) है, नर्मदा नदी पर बने विशाल बाँध ने हरसूद इलाके में इन्दिरा सागर होकर सर्वस्थ डुबा दिया और विस्थापितों के झुंड के झुंडों को शरणार्थी तथा बेघर प्रवासी बना डाला। कवि ने यह रचना एक दशक वर्ष से ज्यादा समय में (फील्ड वर्क के संग) लिखी है। अत: यहाँ कवित्व के साथ रिपोर्ताज, पत्रकारिता, जन-संचार, दृश्यश्रव्य चैनल जैसा माध्यमपरक प्रयोग हुए हैं। यह लम्बी कविता एक जीवित (वर्तमान) इतिहास है तथा 'विचारों का इतिहास' भी जोड़ती है।

सो, 'डूबकर डूबा नहीं हरसूद' कविता का वास्तुशास्त्र खंड-खंड है जिसमें ग्रामीण समाजशास्त्र, सांस्कृतिक नृतत्त्वशास्त्र और ग्रामीण लोकतत्त्व विस्तृत फलक दिखाते हैं। आभास होता है कि कविता में एक विशाल तथा विस्थापित आन्दोलन जारी है जिसके कर्ता-अभिनेता अरुधतिराय, मेधा पाटकर, बाबा आम्टे से लेकर स्वयं प्रेमशंकर रघुवंशी तथा अनेक ग्रामीण पात्र संघर्ष और संशयग्रस्त हैं। फिर भी महानिष्क्रमण जारी है। कल के लिए, भविष्य के लिए। यह भी प्रतीत होता है कि कविता में यह कवि से भी बहुत आना, बड़ी दूर की कालयात्रा में, अतीत तो भविष्य तथा भविष्य वर्तमान होता जल रहा है हम पाठक-सामाजिक 'आँखों देखा हाल' देख-सुन रहे हैं।

विज्ञान प्रमाण तथा पारिस्थितिकी के आधार पर समाज विज्ञानों की पूर्वानुभितियों (प्रि-सपोजीशंस) को सम्पुष्ट संस्थापित करता है। इसी न्याय से इस लम्बी कविता में भी जब स्थितियाँ यथार्थ से भी ज्यादा यथातथ्य वास्तविक (एक्चूयल) भी हों, जब काल्पनिक अतिरंजना के बजाय सटीक हों तब हम आलोचिन्तकों को साहित्यालोचन की अपेक्षा समाजविज्ञानों की ओर मुखातिब होना लाजिमी है क्योंकि तब रचना भी प्रतीक, बिम्ब, अलंकार, छन्दताल फन्तासी आदि से आगे का साक्षात्कार कराती है। हम भी इन आयामों को लेंगे। यह भी ध्यातव्य है कि इस लम्बी कविता में एक हलचल, एक आवेश, एक गत्यात्मकता तथा एक बहुजन-आन्दोलन का भी घटाटोप सबको बाँध लेता है।

अथच, कवि इस कृति में बाहरी संसार एवं समाज को अपनी सृजनात्मक माँगों के अनुरूप ले आता है तो आलोचिन्तक भी ऐसी केन्द्राभिसारी (सेंट्रीपेटल) कृति को डिजटल बनाकर, केन्द्रापसारी (सेंट्री फूगल) के स्वरूप में, उसकी छानबीन, निष्कर्ष, परिणाम, विलक्षणता, सीमाएँ तथा

कमियाँ बताने को कर्तव्यबद्ध है। तब वह उसका मात्र अनुपाठ नहीं, बल्कि प्रतिपाठ तथा उत्तरपाठ भी निर्मित करता हैं क्योंकि तब दोनों का सन्दर्भ-चौखट भी विश्व-देश-समाज-चिन्तन का चतुरंग है। अतः उसकी आलोचिन्तना भी एक समानान्तर 'आलोचिन्तनात्मक पाठ' (थॉट-क्रिटिकल टैक्स) होने को प्रतिबद्ध है। इसी प्रविधि से लम्बी कविताओं की आलोचिन्तना करने सार्थक तथा स्वीकार्य हो सकेगी। हमने इसीलिए कहा है कि 'डूबकर नहीं डूबा हरसूद' में एक निरन्तर मुकदमा चालू रहता है, रचनाकार (कवि के बजाय) और आलोचिन्तक (आलू-चनावाले आलोचक के बजाय) के बीच!!

तदापि हम यह भी जानते हैं कि कल्पना-बिम्ब-प्रतीक-स्वप्रादि परक 'साहित्य' में कृती अर्थात कवि ही प्रमुख संचालक होता है और आलोचक को 'कृति की राह' से ही चलना आवश्यक होता है। परन्तु समाजविज्ञान-केन्द्रित रचना एवं आलोचिन्तना में दोनों ही मौलिक, स्वायन्त, समभव्यतावाले होते हैं। इस कविता में यही 'बराबर का एक सौदा' संलक्षित है।

सो, इस लम्बी कविता में भी (आजादी से लेकर आज तक) के विस्थापन के खामोश कई दशक घायल हैं जिन्हें अरुन्धति राय, मेधा पाटकर, बाबा आम्टे, नक्सलपन्थियों ने उकसाये हैं। इनके साथ ही अनेकानेक विभिन्न उद्यमों-पेशोंवाले लोकजन तथा लोकजीवन भी जुड़ते आये हैं।

तो एक सवाल सुलगाया जाए, कि क्या हम इसमें लातिन अमेरिकी उपन्यासकर गाब्रिएल गार्सिया मार्क्वेज़ वाला 'जादुई यथार्थवाद' तलाशें उसमें अद्भुत अलौकिक-स्वप्नपरक होकर यथार्थ का निरूपण हुआ। लातिन अमेरिकी गाब्रिएल गार्सिया मार्क्वेज़ के साहित्य में प्रतीक-बिम्ब, स्वप्न-कल्पना, मिथक-इतिहास, लोकवार्ता-लोकविश्वास शामिल हो गये। हिन्दी में उदय प्रकाश, विनोद कुमार शुक्ल, अलका सरावगी, राजेश जोशी ने कल्पना तथा फन्तासी को घुलमिला दिया। प्रेमशंकर रघुवंशी ने अपनी पहले रची कविता कालबोलियो सँपेरों तथा इसमें हरसूद-अंचल के स्कूली बच्चों तथा लोकगायकों-लोकचरित्रों के माध्यम से बालपन एवं ग्राम-संरचना का मेल दिया है। जिसमें भी यह एक भव्य (ग्रैंड) समाजैतिहासिक, राजनीतिय आर्थिकता (पोलिटिकल इकॉनामी) वाला सन्दर्श हो गया। इसका अगमड़ा शिल्प तथा घटनात्मक-रिपोर्टिंग एवं चित्रपटीय चैनल के कारण यह ग्रामजनों, आदिजनों का एक अभिलेख तथा ऐतिहासिक दस्तावेज का दर्जा पा सकता है; कविता के अलावा भी। इसमें इतिहास-गल्प और लोकतत्त्वों का अनूठा

मिश्रण है जो वर्तमान जीवन तथा संक्रान्तिग्रस्त समाज की ज़मीनी हकीकत की द्वन्द्वात्मकता (डायलेक्टिक्स), पूँजीवादी एकाधिकारवादी व्यवस्था के अन्तर्विरोधों को दिखाता है। इसमें लोक पात्रों की जो कलमबन्द प्रतिच्छवियाँ (पैन-पोट्रेट) हैं वे ग्रामीण समाजशास्त्र के दर्पण है। गद्य-गल्प में उदय प्रकाश, भगवती चरण वर्मा, दूधनाथ सिंह, निरूपमा सेवती की इक्का-दुक्का कहानियाँ भी ऐसी मिसाल हैं। इसमें ज्यादा विडम्बना नहीं होगी कि इन आयामों में उत्तर आधुनिक फूहड़ता तथा त्रासदी, क्रूरता, निरपेक्षता, उत्पीड़न के साथ-साथ किंचित् जादुई यथार्थवाद भी मिलता है। और लम्बी कविता तो इस व्यापार के लिए जादुई भूमि हो सकती है।

अतएव सबसे बड़ी उलझन 'लम्बी कविताएँ' के आकार-आकृति-अभिवृत्ति की रही है।

मुक्तिबोध के 'अँधेरे में' फन्तासी तथा धूमिल की 'पटकथा' में सपाट बयानी के पश्चात् राजकमल चौधरी, बलदेव वंशी, सौमित्र मोहन, नरेन्द्र मोहन, प्रेमशंकर रघुवंशी, अश्विनी पारशर आदि ने लम्बी कविताओं की एक श्रृंखला बना डाली। सो, 'लम्बी कविता' पर जिरह चल पड़ी। मुक्तिबोध ने 'पोस्टर कविता', की धूमिल ने 'सपाट-कविता' की वकालत की। (इसके पहले योगी अरबिन्दो ने भविष्य की कविता को 'ऋचा प्रकृति' वाली प्रतिपादित किया)। भवानीप्रसाद मिश्र ने बोलने-लिखने के 'एक सौदे' को लम्बी कविता का आधार बताया। प्रेमशंकर रघुवंशी ने यहाँ 'रिपोर्ताज़ कविता' का विधान किया है जिसमें संवाददाता, चैनल-प्रदर्शक, फोटोजर्नलिस्ट और लोकचितेरों का समावेश हुआ है। हरसूद-अंचलवाली इनकी यह लम्बी कविता आधुनिक विकास में पर्यावरण-विध्वंस तथा राजनीतिज्ञों-अफसरों की साँठगाँठ से ग्रामजीवन तथा आंचलिक प्रकृति और लोक संस्कृति के उजड़ने तथा शोकमग्न होने का दस्तावेज हैं।

यह कविता लोकपथगामी है। हम जानते हैं कि लोकपथ (फोकवेज) प्रायः मौखिक होते हैं तथा परम्परा के अतिकल जीवन्त कोश भी। अथच, परम्परा ही वर्तमान तथा भविष्य की अकेली मार्गदर्शिका है। इसका सहकारी इतिहास वर्तमान में अतीत का दर्पण है।

सो, नर्मदा नदी पर बने बाँध के कारण इन्दिरा-सागर में डूबा हरसूद-अंचल अब एक आंचलिक इतिहास (रीजनल हिस्टरी) की जलीय आर्किओलॉजी बन गया है। कवि प्रेमशंकर रघुवंशी ने इसे ग्रामीण समाजशास्त्र। कृषक-विस्थापन तथा पर्यावरण-विध्वंस के परिप्रेक्ष्य में धधकाकार क्रेजी पूँजीवाद-कार्पोरेटवाद के आधिपत्य का नतीजा बताया है। इससे शासकीय

साँठगाँठ से राजनीतिक-आर्थिक वर्गीय शोषण-उत्पीड़न के वर्तमान नतीजे उभारे हैं। हम आगे इन्हीं का भी खुलासा करेंगे। कवि ने जल बाँध को 'जलासुर' का मिथकीय नामकरण किया है। अब हरसूद का अस्तित्व भारत के मोहनजोदड़ो या मध्य अमेरिका की इन्का सभ्यता के सुनसानी माचू-पिच्चू शहर की तरह भी नहीं बचा। विस्थापित लोगों के काफिले बेघर-बेसहारा होकर बिखरते हुए कूच करते गये। पृष्ठभूमि में लोकजीवन, लोकगीतों, लोककथाओं, लोकपात्रों के माध्यम से कवि ने यह सारा कांड अभिलेखागारी (आर्कावल) बना डाला है। तो यह एक 'दस्तावेजीय काव्य प्रतीति' है।

आख़िरकार यह एक कविता भी तो है। सो हम सबसे पहले लोकधुरी को लेते हैं। इवाई इंडिलक ग्राम है। प्रेमशंकर ने कविता में ही विनीत तिवारी द्वारा स्वयं तथा अपनी पत्नी विनीता का साक्षात्कार लिया है। उसी ग्रामांचल में अरुन्धति राय तथा मेधा पाटकर भी नर्मदा बचाने, धरती खेत-गाँव बचाने का आन्दोलन संघर्ष छेड़े हुए हैं। एक पत्रकार तथा संवाददाता की अभिभूमिकाओं में कवि अन्त तक मौजूद रहता है। वह प्रतिगामी भी रहा है।

वह ग्राम के वास्तविक जीवित पात्रों से पहचान करता-कराता है जो ग्राम्य जीवन के सामाजिक जीवन के दर्पण है, तथा ग्रामीण समाजशास्त्र के दैनिक कार्यों के निष्पादक क्या आज हरसूद-अंचल की टूटी दीवाल के मलबे पर फूटा शीशा लटकाये कन्नू नाई कायम है? वह बचे हुए लोगों की आख़िरी मर्तबा हजामत बनाता और एक शोकगीत सुनाता रहता है, 'धसे धसे फेर अरु धसे धसे गेरे पानी थारा गण की बात कालूड़ा/म्हारा मण ने जानी।' व्यंजना है धरती माँ के शोक की। बाल्या चरवाहा था जो खेर-डंगर, गाय-बैल, केड़ा-केड़ी, पाड़ा-पाड़ी, भैंस-बोधा, बकरा-बकरी चराता था; दड़ों से लकड़ियाँ बटोरने वाली बन्नो थी; कटे खेतों से टूटकर गिरी बालियाँ बीननेवाली सिला था। यही राम सेठ के वे गड्डे थे जिन्हें सींगों से सांड खोदते रहते थे; तपते लोहे पर घन पीटता लल्लू लुहार तथा कारीगरों की करामातें जताता कन्नू कुम्हार के तपते भट्टे। वहाँ रैदास की थिरकती राँपियों से रैदास के पद गूँजते थे : 'ऐसी अरज करे रैदासा' और आद्य शंकराचार्य का उनकी रेवा परिक्रमक के वक़्त रचा रेवाष्ट का अद्वितीय भाव हैं। कभी यहाँ घाटों पर हैया-हैया जोर लगाकर कहते ही भरे छकड़े के बैल फुर्ती से ऊपर चढ़ जाते थे। और अब...वृक्ष खड़े हैं जिनकी जड़ें जल ने जला दी है, 'और वे दस्तावेज़ वे रजिस्ट्रियाँ/वे चिट्ठी पत्री/वह प्रेमगन्ध/ जो छिबा-छिबाई खेलते घाटों से रपटों तक फिसल फिसलकर सम्मोहित

करती रहीं...दफन हो गईं।' क्या हो गया यह सब? टूटी टिपटी पर बैठा नान्या गाये जा रहा है, 'देखी जमाने की यारी/बिछुड़े सभी बारी-बारी/' और एक जुलाई, दो हज़ार चार की रात को हरसूद बाढ़ में डुबा दिया गया। और यह बाड़ वर्षावाली न होकर, बाँध से पैदा की गईं है। अहा, ग्राम जीवन भी क्या था।

अब देश की दीर्घतम बाँध में/इतना बड़ा कस्बा/इतना बड़ा कृषि क्षेत्र/इतनी बड़ी वनभूमि/इतना बड़ा वितान मारा गया/और टीवी चैनल्स से दिखाये जा रहे/जल-समाधि के/मातमी दृश्य लगातार।'

इसके दूसरे बड़े पहल पर एक सामूहिक दु:खांतिकी अनावृत्त होती है; बेशुमार स्कूली बच्चों की। 'स्कूली पोशाक पहने/...अपने-अपने घर/अपने अपने गाँव/अपने अपने स्कूलों से छूटकर/वजनदार बस्तों की अभ्यस्त पीठों पर/दहशतों का वजन लादे/अज्ञात स्कूलों और अमूर्त घरों की तरफ़/राष्ट्रगीत को याद करते/चल पड़े परस्पर हाथ थामे/ताकि डर न लगे आपस में किसी को।'

और वे शांता नन्द बाबा हमेशा की तरह लोकसाक्षी की तरह हैं। वे इस नर्मदा के तट पर पिछली पीढ़ियों से घूमते आ रहे हैं अपने सवा बालिश्त के लोटे को हाथ में रखे। 'वे उसमें कंकड़ों को /भरकर खड़खड़ाते बजाते गाते/देश के आज़ाद होने के तराने.../...मुग्ध मन से सुना करते लोग/...कई क़िस्से याद उनको लोकजीवन के/' अब वे उस सबको भुला देना चाहते हैं। वे 'अपने लोटे से पिलाने लगे पानी सभी को/ताकि खाँसी-खखार/ठसका-ठसकी/छींकें-टीके, टट्टी-पेशाब ठीक से होते रहे सबको/और सूख न पाये बदन से पानी किसी का :...ताकि जहाँ भी जायें वहाँ/एक नये हरसूद का जन्म हो हमारे अन्दर से।' वे आज़ाद वतन के आज़ाद सपने बोने का संकल्प लिये/चल पड़ते हैं लोगों के साथ।

अब मांग्या बना बहुरूपी कवि प्रेमशंकर उस शिवशंकर को भी याद करना नहीं भूलता जो साहित्य की एक संस्था चलाते थे इस डूब के अन्तिम दिनों तक। और कवि भी यहाँ काव्य-प्रणयन में डूबा हुआ था।

किन्तु अब? 'अब यही तो माजरा है/रोम जैसा/जहाँ मेरा (कवि का) शहर, नदियाँ गाँव सबके सब बिना अपराध के कोई/डुबाये जा रहे/और इनकी मौत पर/राजनेता व्यवस्थापक कानूनविद/मन्त्री-सन्तरी आला अफसर/खबर खोजी, पुलिस-दल वगैरह/अपनी-अपनी रोटियाँ/इन बेदखल होते हुओं की/आह-लपटों पर/सेंक करके खा रहे हैं।'

कंट्रास्ट में लोक संस्कृति मधु तथा अमृत के घूँट सी जीवितम्

होती है।

जब इस लम्बी कविता में वास्तविक आधुनिक इतिहासलेखन शास्त्र (हिस्टोरियोग्राफी) के प्रयोग हुए हैं तो एक ओर स्वयं कृति अपनी आत्मकथा के छोंटों की फुहार करता है तो दूसरी ओर अपनी निन्यानबे साल की बूढ़ी माँ से शकुन मानता है। वे आज भी नाना से मिले दहेजवाले अपने टूटे हुए सन्दूकचे से पिता की टोपी को निकालकर देखती है मानो देखने को साबुत बची है। बूढ़ी माँ बाँध की तरफ मुँह करने रुँधे गले से रायसल का प्रेमगीत उचारती है 'म्हारी धरती नऽ माता ओ/म्हारी लाज नऽ रखजे ओ/म्हारी सेन्या खऽ ओ माता/भामर रखजे ओ।'

इस हसीन लड़ी में नयी नवेली बहुओं का सिंडोला का वह उत्सव याद आता है, प्रव्रजित बड़ों को गड़ी नाल निकालने की चिन्ता सताती है, रायसल की गाथा से धनाज नायक और नयी वाली दर्दीली कथा याद आती है, और वास्ता है कि वह श्रेष्ठ बेटियाँ आँगनों में बैठकर गोरा के गीत गा सकेंगी?—नरबदा माई दारों मेन/दीवा ना बालेडो/' (हम सब जीवार सोने की थाली में दिया रखे, नर्मदा के आँगन में दिया जलाने जा रहे है)। स्वयं मांग्या हो गये कवि की आत्मा थी यह टेरती है। लेकिन अब...'अंचल जी डूब में डूब गये उत्सव/डूब गयीं जत्ता मेले ठेले/डूब गए विनोद/और खत्म हो गयीं सारी त्यौहारी/हरसूद ही नहीं मरा/मर गये नायक/मर गयी रायसल गाथा/मर गये ढोला मारू/मर गये ओझा-ओझी/मर गये देव धामी/मर गये ग्राम्य रक्षक ग्राम्य स्वामी।'

यह कैसा पलायन है कि—

कि बाबा आम्टे की भविष्यवाणी कहते है कि विशाल बाँधों के प्रलय में मनुष्यता और प्रकृति दफ़न हो जाएगी। गणितज्ञों-योजनाकरों की अपरम्पार लीला से छबा दियें एक लाख हेक्टर भू-भाग, कितने ही पेड़-पौधे, कीड़े-मकोड़े, तितलियाँ...। बस, अब विस्थापितों का काफिला निकल पड़ा, मानो असंख्य दधीचि निकल पड़े हों तपोवन को लिए अपने परिजनों को। स्कूली बच्चों को भी डर है गाँव भर प्यार न मिल पाने का/इन्हें डर है पराये स्कूलों में पराये हो जाने का।...लोग जहाँ जाएँगे...कहाँ जाएँगे नहाने/और धोने/और हगने-मूतने/और कचरा झाड़ने भटकारने/जहाँ भी हम यह करेंगे/हर जगह डंडे पड़ेंगे पीठ पर/पेट पर तो आपने भी खूब मारे हैं।...वहाँ भी मतदान सूची में/हम प्रवासी ही कहे जाएँगे।'...लोक से आधुनिक में झोंक दिये जाने पर जो वनचर वनचारी समाज से जो मेहनत से बल पर जीते थे, 'उन्हें भिखारी बना दिया युग-युग तक तुमने।' ऐसा परिणाम भुगता

इन उजाड़े गये लोकजनों में। ऐसा हुआ 'सामाजिक परिवर्तन'।

ऐसे सामाजिक-आर्थिक परिवर्तन के सांस्कृतिक-नृतात्त्विक नतीजे मानवीय त्रासदी हुए हैं। अरुन्धति राय तथा मेधा पाटकर जनजीवन को लामबन्द कर रही हैं : तुमसे भी ज्यादा और भी हैं इस जहाँ में दुखी, और यह दुख लिए हरसूद को बसना पड़ेगा। (तीस जून दो हज़ार चार के बाद)। 'न तो पुनर्वास होगा कहीं। न स्थापन/ना लड़ सकेंगे कभी हम/हमारे लिए मिलकर/ना हमारे वास्ते कोई लड़ेंगे।' क्योंकि 'चीज़ें ही नहीं डुबाई तुमने/डुबा दी सारी संवेदनाएँ/कि जिनमें बाप-दादों की अमानत/कई रूपों में रखी थी/माँ बेटी बहन सभी के पास/झोली में जतन से।'

अन्ततोगत्वा

'बैक वाटर के सरीखे/इन्हीं काले कारनामों से सने/काले इरादों ने तुम्हारे/सभी पाँचों महाद्वीपों में/सिर्फ सत्ता और धन की लालसा से/नाश के काँटे बिछाये हैं/उन अनेक देशों में/जोकि अपनी प्रजा के उत्थान में/मनुजता के गीत गाते।...रात दिन लीन हैं श्रम-साधना में।'

अन्ततः एक महास्वप्न है—कि ऐसे में कितना वाजिब है इस इच्छा का होना कि हरसूद बचा रहे हमेशा कि दौड़ता ही रहेगा हरसूद धरती की उमर तक।'

प्रेमशंकर ने नर्मदा का यात्रापथ नापा है, मंडला जिले के अमरकंटक पहाड़ से निकलकर...झाबुआ, महाराष्ट्र, गुजरात से खम्बात की खाड़ी में। इसमें सत्ता तथा धन के खेल में अपने लोगों को अपने लोगों से बचाओ, बचाओ अपनी धरती को बड़े-बड़े बाँधों से जिनकी नहरें जाकर जुड़ती हैं विश्व बैंक और अन्तर्राष्ट्रीय धनपतियों से। मार्क्स और गाँधी के अनुयायिनों ने प्रकृति-वातावरण-समता के लिए विशाल बाँधों के निर्माण को अन्धा विवेक कहा है—अन्तर्राष्ट्रीय धनपतियों और पूँजीवाद की भूलभुलैयाँ। इसलिए बचाओ अपनी धरती जिसमें बसते हैं आदिजन, गिरीजन, ग्राम्यजन, दलितजन, नारी की जन्माती महाशक्ति!!

अन्ततः राजनीतिय अर्थरचना भी समझते हुए रघुवंशी सरकार और व्यवस्था का क्रिटीक पेश करते हैं जो लगभग सही है।

उजाड़े गये ग्रामीण जनों का काफ़िला बढ़ा जा रहा है। उसमें हरेक जन की कमर में उजड़े गाँवों के सपने बँधे है और आँखों भर अपने खेतों की माटी के सपने हैं। हरसूद अब भी उनके पास है। यह सब सरकार अपनी व्यवस्था की नज़रों से देख रही है तथा धड़ियाली आँसू की स्याही

से पुनर्वास के पट्टों पर आश्वासन लिख रही है। इसमें पुनिर्वास के झूठे विज्ञापन तथा बड़बोले भाषणों की झड़ी भी शामिल है। काफिलों के साये सपनों के मर्मांतक दृश्य भी दिखते जा रहे हैं। यह विडम्बना ही है कि व्यवस्था ही दर्शक हो जाती है जब वह करुणा तक को जश्न सरीख़ी देखा करती है, व्यवस्था लोककल्याण के नाम पर आश्वासनों के जाल बुनने की फैक्टरियाँ खोल देती है जब वह भ्रष्ट हो जाती है; व्यवस्था भाषणबाज हो जाती है जब वह बड़बोलेपन की जो गूँज उठाती है कि उस महाघोष से जयजयकारी समाज मोह में डूबकर संकटों से उबर नहीं पाता, और व्यवस्था के लिए हर आदमी एक पिये गये चाय के खाली कुल्हड़ की तरह हो जाता है जो फटाक से बहुत दूर फेंक दिया जाता है। सो विडम्बना यह भी है कि हर शहर/कस्बे की तकदीर मोहन जोदड़ो जैसी नहीं होती है। (ध्यातव्य हो कि उपर्युक्त पद रचनाएँ कवि प्रेमशंकर रघुवंशी की ही हैं)।

दिले याराना, हम आख़िरी सलाम एक अनूठे आयाम से करेंगे—पर्यावरण की सौन्दर्यबोधात्मक विरलतावाली प्रकृति के सन्दर्श से? हम कालिदास के मेघों की आवाज़ देते हुए, वाल्ट ह्विटमैन की घास की पत्तियों को सँवारते हुए, तुलसी बाबा की चतुचर्या में नैतिकता के छद्म आरोपण तथा कवि सेनापति के अलबेली ऋतुजन्य लोकमुग्धता को झाँकते हुए अब हरसूद की उस आँचलिक प्रकृति की इतस्ततः झाँकी भी देखते हैं। वह न तो छायावादी है और न ही चन्द्र कुँवर बड़थ्वाल, बलदेव वंशी, केदारनाथ सिंह की तरह आद्यरूपात्मक। वह तो गाँव की तद्‌भव देशज प्रकृति है। बड़ी नखरीली तथा अलबेली है।

एक परिपूर्ण चित्तफलक बाजूबन्द की तरह खुल-खुल जाता हुआ (ज़रा एक ओर कवि प्रसाद कृत प्रागैतिहासिक वैश्विक जलप्रलय में सारी पृथ्वी के डूबने का सन्दर्श और फिर इस कविता में नर्मदा नदी पर बाँध बनाने से पर्यावरण, जनजीवन, प्रकृति के खंड-खंड होने की तुलना भी करते चलें) बढ़ता जा रहा पानी/धीरे-धीरे/धीरे-धीरे समाये जा रहे/गाँव मैदान/खेत खलिहान/नदी-नाले/कूल-कछार/ताल तलैया/जंगल पठार/...धीरे-धीरे मरते जा रहे प्रकृति परिवेश पर्यावरण/...और किनारे सटी शिलाओं से/टकरा टकराकर/बहती पतली धारों का/जिनमें केलियाँ करतीं/नन्हीं-नन्हीं मछलियाँ/चट्टानों तक फलाँग जाती थीं।...श्यामवर्णी सारस के जोड़े/हो रहे थे जल-समाधि को तैयार एकसाथ/...लिखा था भवानी मिश्र को कविता में खत/तब तीनों पेड़ों की/खो के जल में झाँकती परछाइयों से/लहर-लहर

झूमते इठलाते कछुए की/जल क्रीड़ाएँ भी लिखी थीं/वे ही डूबे सबसे पहले/और कछुआ उनकी छाँह का कफन ओढ़े/समा गया पाताल में/धीरे-धीरे/जल में समा रहे बगुलों के नीड़/पेड़ों पर बने घोसले/खोलों में रखे अंडे चेनुए/और शाखों से/अपनी ही लार से रचे धागों के सहारे/उतर उतर कर भागी जा रहीं मकड़ियाँ/धीरे-धीरे डूबती जा रही/झाड़ियों से निकल/भागे जा रहे खरगोश उदबिलाव जरख/कगारों से कुररी सारस सुखबि/मुर्ग तीतर बटेर तोता मैना/बीमठों से चीटियों के झुंड/कतार में चींटे बखूटे दीमक/खेतों खलिहानों, बीड़ों से/चूहे गिलहरी छिपकली छछून्दर गिरगिट एक साथ/और मखमली देह समेटे/लुढ़कती पुढ़कती भागे जा रहीं/सामूहिक भरण को वीर बहुटियाँ/और असंख्य टिटिहरियाँ/अखंड टिहकारियों में लिप्त/और संझा से ही हुक्की हुआ करते सियार/सिसियाते लकड़बग्घे भूँकते सोन कुत्ते खाँसती खेंकड़ी/धीरे-धीरे बढ़ते जा रहे पानी को देख-देख/...यह कैसा पलायन कि जहाँ/ना नरबलि के दृश्य ना पशुबलि के/हैं तो केवल जर-ज़मीन की मौत के दृश्य। जिन्हें निगलता जा रहा जलासुर!!' '...कि तबाह होती रही प्रकृति/और दूषित होता रहा पर्यावरण बार-बार।...जबकि हकीकत यह है कि चिड़ियों के ग्रास चील ले भागी।...हरसूद आग है हमारी नींद में/टिहकारती हुई गिलहरियों की उड़ी हुई/झब्बर पूँछ/और तितलियों की जगह मगर पुदक की तरह/...लेकिन खाकी वर्दियों/पुलिसियाँ बूटों, लाठियों और/खनकते सिक्कों की आवाज़ के शोर में/अनसुनी रह जाती मांग्या की आवाज़/और वह धारा 144 के वक़्त सिपाही से डंडा खाये...।' (मांग्या स्वयं कवि का मुखौटा प्रतीत होता है)।

उक्त प्रकृति तद्भव-देशज स्थानीय रंगों से रंगी जाकर बायोलॉजी-जूलॉजी का नया आयाम खोल रही है। यह परिच्छेद स्वयं व्याख्या है।

महाप्रकृति पर विजय तथा समाज प्रगति के प्रकार्य से आधुनिक विनाश ही इस त्रिभुवन गाथा के त्रिकाल सन्दर्श को प्रेमशंकर रघुवंशी की 'डूबकर डूबा नहीं हससूद' शीर्षक लम्बी कविता अभिलेखित करती है। यह कालोत्तीर्ण है।

—रमेश कुन्तल मेघ

भूमिका

''डूबकर डूबा नहीं हरसूद हूँ मैं'' हाँ मैं!! यह शीर्षक पढ़कर चौंकिये मत। याद करिये मायकोवस्की यात्रा के दौरान खिड़की से आकाश में अनेकानेक आकृतियोंवाले उमड़ते-घुमड़ते बादलों को देख रहे थे। उन्हें बादल पतलून पहने जैसी आकृतिवाले दिखलाई दिये। तभी उनसे सामने की सीट पर बैठी मुसाफिर ने परिचय पूछा। मायकोवस्की के मुँह से निकला कि मैं पतलून पहना हुआ बादल हूँ। यही उनकी कालजयी कविता 'पतलून पहने बादल' का शीर्षक है। कभी-कभी ऐसी संवेदनात्मक उद्दीप्ति होती है कि रचना के पूर्व शीर्षक एकदम से मानस में ज्योतित हो उठता है। इसी तरह 'डूबकर डूबा नहीं हरसूद' शीर्षक मन में उमड़ता-घुमड़ता रहा और यह लगता रहा कि लम्बी कविता का जन्म इसी शीर्षक की कोंख से होगा।

मुझे बार-बार लगता रहा कि आँखों देखी त्रासदी पर तो लिखना ही चाहिए। दस साल लग गये। डूब क्षेत्र में घूमता रहा और करनपुरा, खरदना जैसे गाँव में इन्दिरा सागर बाँध के विरोध में और अपनी माँगों के वास्ते नर्मदा के बेक वाटर में जलसमाधि ले रहे गाँववालों के पक्ष में न्याय का साथ भी देता रहा। यह यायावरी और बाँध को लेकर व्याप्त चिन्तातुर स्थिति कविता की दस साल तक की सृजनावस्था तक व्याप्त रही। रह-रहकर यह शीर्षक माथे पर पगड़ी की तरह आ बैठता। फिर अन्य काम करता रहा और कविता के सन्दर्भ में उठते विचारों के नोट्स भी लेता रहा। नोट्स इतने हो गये कि कई पृष्ठ भर गये। सोचा कि उपन्यास लिखा जा सकता है लेकिन यह शीर्षक जब भी सिर पर आ बैठता, वह कविता की संवेदना और शिल्प की उजियार में आती। कविता शुरू हो गयी। कई कई प्रसंग और सन्दर्भ में शुरू हुई और उसपर काम होता रहा। फिर इस रूप में जो शुरूआत ठीक लगी वह आगे सरकती हुई आकार लेती रही।

कविता फैलती ही रही और अन्त की तरफ जाने का नाम न ले। तब मैंने छोटी कविता की मानसिकता का स्नान किया। इस कविता के रचनाक्रम के दौरान कई छोटी-छोटी कविताएँ रची गई। ये कविताएँ इस लम्बी कविता पर श्रम करते हुए पसीने की बूँदों जैसी भाल से टपकती रहीं जो ख़ासकर जनवरी 2013 से दिसम्बर 2013 के अन्त तक लगभग 108 तक हो गईं। इनके पूर्व भी छोटी कविताएँ रची जाती रहीं, जो मेरे 'मँजती घुलती पतीली' और 'आँगन बुहारते वक़्त' इन दो ताज़ा काव्य संग्रह में अधिकांश मात्रा में हैं।

इस कविता पर दस साल तक रीराइटिंग वर्क चलता रहा और 8 जनवरी 2014 को इसके नौवें ड्राफ्ट को फाइनल मानकर कापी पर उतार रहा हूँ। वैसे किसी भी कविता का फाइनल ड्राफ्ट शायद ही हो पाता है। हर फाइनल के बाद उस पर फिर से काम करने की गुंजाइश सदैव बनी रहती है फिर भी यह अन्तिम ड्राफ्ट फेयर कर कविता इस रूप में आपके सामने है। इसे पढ़ते हुए पाठकों को छूट है कि वे इसमें अपना जोड़-घटना कर सकते हैं।

कविता को पाठकों तक पहुँचाने के लिए मेरे मन में विचार आया कि इस अकेली कविता को पुस्तक रूप में दिया जाए ठीक उसी तरह जिस तरह मेरी मध्यप्रदेश साहित्य अकादमी द्वारा 'बालकृष्ण शर्मा नवीन' पुरस्कार प्राप्त लम्बी कविता—'देखो साँप-तक्षकनाग' को प्रकाशित कराया था। इसके लिए मैंने तय किया कि इस कविता को डॉ. रमेश कुन्तल मेघ को सर्वप्रथम इस नीयत से भेज दूँ कि वे इस कविता को इसके योग्य भी समझते हैं याकि नहीं कि इसे स्वतन्त्र रूप से प्रकाशित करवाया जाये और इसके अलावा उन कुछेक विद्वानों को इसकी प्रति भेज दी जाएँ, जो नर्मदा बचाओ अभियान में लगे हैं और जो इन्दिरा सागर बाँध की सम्भावित त्रासदी को देखते हुए संघर्षरत हैं। यह विचार आते ही मैंने सर्वश्री डॉ. रमेश कुन्तल मेघ, मेघा पाटेकर, अनुपम मिश्र, विनीत तिवारी, राकेश दिवान, प्रदीप जिलवाने और विजय मनोहर तिवारी को 'डूबकर डूबा नहीं हरसूद' कविता की एक-एक प्रति उनकी प्रति क्रियार्थ भेज दीं। सभी ने अपने अत्यन्त व्यस्त जीवन में से समय निकाल इस रचना पर अपनी-अपनी प्रतिक्रिया भेज दीं। इन सबके प्रति विनत भाव से कृतज्ञ हूँ। डॉ. मेघ ने तो इतनी लम्बी प्रतिक्रिया भेज दी कि उसका बहुलांश (प्राय: सभी) भूमिका बतौर देना तयकर इसे कविता के पूर्व प्रतिक्रिया देना तय किया और यह भी तय किया।

कविता के शुरूआत 'धीरे धीरे' शब्द युगल से शुरू होती है "चढ़ता

जा रहा पानी/धीरे धीरे/धीरे धीरे समाये जा रहे/गाँव मैदान...खिसकते जा रहे हड़ताली दल/धीरे धीरे.../'धीरे धीरे' शब्द मेरे मन में दृश्य संस्कार की तरह बचपन से है जब बरसात में मेरे गाँव की नर्मदा में मिलनेवाली सहायक नदी कन्देली अकसर धीरे-धीरे बढ़ती और धीरे-धीरे उतरती। यह धीरे-धीरे नदी का चढ़ना (पूरा आना) और उतरना मानस में दृश्यांकित है। हल से बोहनी करते वक़्त धीरे-धीरे बेनी से अनाज डालते जाते और धीरे-धीरे पूरे खेत में बोहनी हो जाती। धीरे-धीरे फसल उगती, धीरे-धीरे बढ़ती और धीरे-धीरे पककर खलिहान में आकर धीरे-धीरे दावन, उड़ावन के बाद धीरे-धीरे घर आँगन में भर दी जाती। वहाँ से अनाज धीरे-धीरे मंडी और मजदूरों को दिलाता जाता और अगली बोहनी तक यह सिलसिला धीरे-धीरे चलता रहता।''

मैने अपनी जाँघ पर सिर धरे पिता को खूब तेज साँसें लेते छोड़ते फिर धीरे-धीरे साँसें छोड़कर संसार से विदा होते देखा था। हम उनके चले जाने पर बहुत शोक विव्हल हुए थे फिर धीरे-धीरे अपने अपने काम में लग गये। यह पढ़ते हुए आपके मन में भी धीरे-धीरे की क्रिया वाले राग-विराग लिए अनेक प्रसंग आ रहे होंगे जिनसे कविता के धीरे-धीरे वाले सम्पुट शब्द को आत्मसात कर रहे होंगे। 'धीरे-धीरे' की संवेदनात्मक चित्ति चेतना ने और उसके रूप शिल्प एवं प्रयोग ने इस कविता में बीज मन्त्र के जैसा काम किया जो आद्योपान्त बना रहा। फिर वन्या था कविता चल पड़ी धीरे-धीरे और धीरे-धीरे अपनी नैसर्गिक लयबत्ता के साथ पूरी हो गयी।

कविता पर काम करते हुए भाई विनीत तिवारी को अपनी चौथी स्क्रिप्ट भेजी और उसके आधार पर हमारा काफी विमर्श होता रहा। फिर भी कविता पढ़ते हुए आपको इसमें कुछ कमी नज़र आ सकती हैं। आप जब पढ़ें तो उसके भोक्ता! होते हुए आप ही रचना को सम्पूर्णता पाठक एक भोक्ता के रूप में दे सकता है और वह देता भी है। यह संयज कर्म पाठकों को सौंपता हूँ कि वे कविता के सारे द्वन्द्व को अपनी खुली आँखों से देकर लोगों को अपने अन्तर्नेमों द्वारा दिखाने का काम करने की कृपा भी करें। कई जगह आपको लग सकता है कि इसे यहीं समाप्त हो जाना चाहिए, लेकिन डूब की प्रकृति के अनुकूल इस कविता का रचाव कुछ-कुछ उस तरह के तैराक जैसा है जो पार लगना चाहता है किन्तु पाट बहुत चौड़ा है। ऐसे में वह बीच में कोई चट्टान के आ जाने पर कुछ देर वहाँ सुस्ताने के बाद फिर आगे तैरने लगता है। बीच में कहीं एकाध बार सुस्ताकर

पुनः तैरने का नौका दे सकती है यह रचना आपको!

अब तक की कोई सवा दो ढाई हजार कविताओं के अपने सृजन लोक में शामिल यह लम्बी कविता आपके हाथों में हैं। मैं अब इसके सृजन का निमित्त मात्र हूँ। आप ही इसके असल रसज्ञ, भावक, ग्राहक और सहृदयी पाठक हैं। आपकी राय की मुझे सदैव प्रतीक्षा रहेगी और प्रतिक्रिया की भी।

अपनी बात पूरी कहने के बाद मुझे अपनी फाइल में 30 अगस्त, 1973 को लिखी एक मुड़ी-तुड़ी कागज की चिन्दी मिली जिसमें 29 से 30 अगस्त, 1973 की बाढ़ का उल्लेख इस प्रकार है—"पूर्वी निमाड़ (जिला—खंडवा, मप्र) का बाढ़ ग्रस्त इलाका बड़केश्वर घाट और बलड़ी 29 अगस्त को बाढ़ की चपेट में चारों तरफ से आ गया। कुछ गम सूझ नहीं पड़ रही थी। सब जगह त्राहि-त्राहि मच गयी थी। नर्मदा किनारे के सारे गाँव इस विपदा में फँस चुके थे। हरसूद से बड़केश्वर तक का मार्ग काली माचक के उफान से पहले ही बन्द हो चुका था यानी कि पूरा अँचल चारों तरफ से कटकर टापू हो गया। सिर्फ पोस्ट ऑफिस में लगे टेलीफोन द्वारा बाहरी दुनिया से सम्पर्क हो रहा था। वह किसी तरह क्षतिग्रस्त होने से बच गया था।

खंडवा का जिला प्रशासन एवं उच्च अधिकारी वर्ग राहत कार्य करने की दशा में नहीं था। वो तो गनीमत रही कि 30 अगस्त की रात में बरसात थमी और सुबह तक कालीमाचक ने अपना पुल का रास्ता खोल दिया। अब अधिकारियों की बाढ़ आ गयी। गाँवों के लोग तैरते उतराते बलड़ी आ रहे थे। ग्राम पंचायत भवन और अन्य जगह लोगों को शरण मिल रही थी। स्वयंसेवी लोग उनकी देखभाल में और डाक्टरों के दल फटाफट उपचार में लग गये थे।

नर्मदा तट के एक गाँव मौला में जब चारों तरफ से पानी भर गया तो उस जल दुर्ग को पार कर पूरा गाँव आसपास के गाँवों में तैर आया और शेष रह गये 9 व्यक्ति जो भयानक कालरात्रि में एक नाव पर सवार होकर चल दिये लेकिन बहकर आते एक विशाल वृक्ष की टक्कर ने उस नाव को उलटा दिया जिसमें दो नावकिये और पाँच व्यक्ति नर्मदा की गोद में समा गये। जो दो व्यक्ति बचे उनमें एक महिला और एक 95 वर्षीय वृद्ध थे। डॉ. महाजन बाढ़ उतरते ही अपना चिकित्सा दल लेकर उस गाँव में कीचड़-काँटों से जूझते हुए पहुँचे। मैं भी डाक्टर महाजन के साथ हो लिया था। पहुँचते ही पहले डॉ. महाजन ने 95 वर्षीय वृद्ध को देखा। उसको

आसपास के इलाके में लक्कड़बाबा के नाम से जानते थे। डॉक्टर से प्राथमिक उपचार पाते ही लक्कड़बाबा एकदम टनाटन हो गये। ठीक होते ही बाबा ने जो अपने बचने की कथा सुनाई उससे मेरे रोंगटे खड़े हो गये। जिजीविषा क्या होती है यह मैंने लक्कड़बाबा की काया में प्रत्यक्षतः देखी। इसके बाद डॉक्टर के साथ भगोनी गाँव गये। वहाँ जो 15 लोग नाव के उलट जाने पर बहे थे उन्होंने तट के इमली के पेंड़ पर चढ़कर जान बचायी थी। सभी के हाथों में गर्रे पड़े थे। सभी ने पेड़ की शाखें जो पकड़ रखी थी।''

यदि उपरोक्त कागज का पुर्जा नहीं मिलता तो मैंने अपनी बात पूरी कर ही दी थी। लेकिन इस पुर्जे की इबारत साक्षी है कि नर्मदा की बाढ़ के प्रकोप वर्षों बाद आते थे और लोग अपनी जीवन्त शक्ति से उनका सामना कर लेते थे, किन्तु बाँध तो अपने आप में मुश्तकिल बाढ़ वाला इलाका होता है। जिस पर यह त्रासदी तो हमेशा ही देता रहता है कि जब-जब भी पानी अधिक होता, उससे वह छोड़ा जाकर हर बार निचरोस की बस्तियों का भक्षक हो जाता है। यह क्षेपक अन्त में जुड़ गया तो कोई हर्जा नहीं। यह क्षेपक मूक नहीं है। विषय के प्रति उसकी अभिव्यक्ति अलग किसिम के अनुभव से साक्षात्कार कराने में सहायक तो होगी ही अब आप तो कविता देखिए क्योंकि असल तो यही है और असल हैं आप जो कविता की असलियत से रू-ब-रू होंगे।

—प्रेमशंकर रघुवंशी

लम्बी कविता

बढ़ता जा रहा पानी
धीरे-धीरे...
धीरे-धीरे समाये जा रहे
गाँव-मैदान
खेत-खलिहान
नदी-नाले
कूल-कछार
कुएँ-बाबड़ी
ताल-तलैया
जंगल-पठार
खिसकते जा रहे हड़ताली दल
धीरे-धीरे...

धीरे-धीरे मरते जा रहे
प्रकृति परिवेश पर्यावरण
नाव डोंगे-डोंगी मचान
मछलीमारों के हाथों से
फिसलते जा रहे जाल
धीरे-धीरे...

हरसूद हरसूद रटते हुए चैनल्स
चलित प्रसारण वाली गाड़ियों से

दिखा रहे डूबे जा रहे इलाके
धीरे-धीरे...

जिन्हें काजू बादाम कुटकते
कहकहों के साथ
जर्दा सुपारी-सा फाँकते
देखे जा रहे
मन्त्री सन्तरी अफसर चपरासी
सैनिक बाबू हरकारे
चलचित्र की तरह
धीरे-धीरे...

क्षितिजों तक
निगाहें फैलाये
सन्नाटों की तरह उसाँसें छोड़ता
चुप्प है वर्तमान
ठूँठ की तरह गूँगा है अतीत
और भविष्य की आँखें
सरकारी टेबिलों की दराजों में उलझी
मुआवजों के हिसाब लगाती
नयी खरीद के
दिवास्वप्न देख रही हैं

बलड़ी बड़केश्वर मार्ग पर
माचक के तेवरों को देखने
किनारे-किनारे
घूम रहीं अरुन्धती राय
वहीं कहीं थोड़ी दूर पर
मेधा पाटेकर भी
और माचक का पुल खिन्न मन से

डूबता जा रहा धीरे-धीरे...

तभी मेरा परिचय कराता विनीत तिवारी
कि प्रेमशंकर रघुवंशी हैं ये
और ये हैं इनकी पत्नी विनीता भाभी
पाकर परिचित चेहरे करीब
दर्द उभर आता चेहरे पर
बताने लगता मैं बगैर पूछे ही
जैसे अतीत में डूबे हुए स्वर में
कि यहीं की थी मैंने 1972 से 1974 तक
माचक नदी के उस पार
बलड़ी के हाईस्कूल पर अध्यापकी
और यहीं बड़केश्वर के घाटों पर
रची कविताएँ अनेक

हाथ जोड़ नमस्कार करता उन्हें
और बढ़ते आ रहे पानी में
ढूँढ़ने लगता—
परिचित घाट पत्थर बालू रेत
और किनारे सटी शिलाओं से
टकरा-टकराकर बहती पतली धारों को
जिनमें केलियाँ करती
नन्ही-नन्ही मछलियाँ
चट्टानें तक फलाँग जाती थीं
अरून्धति देखती हैं
अहसास की आँखों से
घुटने घुटने रेत में धँसे
बड़केश्वर के उन कच्चे घाटों को
जिनसे शुरू हुआ था दुखारम्भ डूब का
और जहाँ की नर्मदा

मुड़-मुड़कर विलाप करती
हो रही थी मूर्च्छित
और भूलती जा रही थी क्षिप्रता अपनी
जिसे देख-देखकर
खाना-पीना, आमोद-प्रमोद छोड़
मानसरोवर या साइबेरिया लौटने के बजाय
अखंड क्रेंकार में रत
श्यामवर्णी सारस के जोड़े
हो रहे थे जल समाधि को तैयार एक साथ

देखती हैं अरून्धति—
उजड़ती दुनिया और
परकटे परिन्दे-सा मुझे
और नमस्ते कर चल देती
धीरे-धीरे...

और मेधा पाटेकर
रुन्धे कंठ से
बेरोजगारी, साधनहीनता, सामाजिक तनाव
संघर्ष, अहिंसक विरोध, चुनौतियाँ जैसे शब्द बुदबुदाती
किनारे-किनारे
कीचड़ में खुपते हुए बढ़ती जाती
कि तभी गूँज उठती दूर झीलों के वनों से
बाबा आमटे की यह आवाज़ कि—
डूबकर दफ़न हो जाएगी जहाँ
मनुष्य और प्रकृति
वहाँ किसकी राजनीति चलेगी—
किसका विचार?
इसलिए बचाओ अपनी धरती
अपने लोगों को विशाल बाँधों से

जिनकी नहरें जाकर जुड़ती हैं
विश्व बैंक और अन्तर्राष्ट्रीय धनपतियों से

चाहे मार्क्स को मानने वाले हों
या गाँधी को या लोहिया को
या कि दीनदयाल उपाध्याय को
अधिकांश ने एक स्वर में
प्रकृति पर्यावरण और समता के लिए
विशाल बाँधों के निर्माण को
अन्धा विवेक कहा है
कहा है—
अन्तर्राष्ट्रीय धनपतियों की भटकनें इन्हें
और पूँजीवाद की भूलभुलैया भी

कि तभी
रख जाता विनीत मेरे खीसे में
डायस्पोरा, क्लीनीसिंग और
जीनोसाइड जैसे शब्द धीरे से
गूँजते रहते कानों में मेरे
उनके अर्थ कि—
खदेड़े जाने पर बिखर जाना
और मिट जाना।
अपनी ही आनुवांशिकता का
धीरे-धीरे...

इनके अर्थों की लहरों पर डूबता-उतराता
पहुँचता अठारह नवम्बर 1973 के पास
जो रविवार का दिन था
जब बड़केश्वर के
घुटने-घुटने रेत वाले घाट पर—

पीपल नीम और बिल्ब की
शामिल छाया में बैठकर
लिखा था
भवानी मिश्र को कविता में ख़त
तब तीनों पेड़ों की
रेवा के जल में झाँकती परछाइयों से
लहर-लहर झूमते इठलाते कछुए की
जल क्रीड़ाएँ भी लिखी थीं

ये ही डूबे सबसे पहले
और कछुआ उनकी छाँह का
कफ़न ओढ़े
समा गया पाताल में
धीरे-धीरे...

जल में समाते जा रहे
बगुलों के नीड़
पेड़ों पर बने घोंसले
खोलों में रखे अंडे चेनुए
और शाखों से
अपनी ही लार से रचे
धागों के सहारे
उतर-उतरकर—
भागी जा रही मकड़ियाँ

धीरे-धीरे डूबती जा रही
झाड़ियों से निकलकर
भागे जा रहे
खरगोश ऊदबिलाव जरख
कगारों से कुर्री-सारस सुर्खाब

मुर्ग, तीतर, बटेर, तोता, मैना
बीमठों से चीटियों के झुंड
कतारों में चींटे बरबूटे दीमक

खेतों-खलिहानों, बीड़ों से
चूहे, गिलहरी, छिपकली, छछून्दर, गिरगिट के साथ
और मखमली देह समेटे—
लुढ़कती पुढ़कती भागे जा रहीं
सामूहिक मरण को वीर बहूटियाँ
और असंख्य टिटहरियाँ
अखंड टिहकारियों में लिप्त
और समझा से ही
हुक्की हुआ करते सियार
खिसियाते लकड़बग्गे भूँकते सोन कुत्ते खाँसती खेंकड़ी
धीरे-धीरे बढ़ते जा रहे
पानी को मुड़-मुड़कर देखते हुए
अपनी-अपनी बोलियों में
मानो मर्सिया पढ़ते
भागे जा रहे सरपट

यह कैसा पलायन कि जहाँ
ना नरबलि के दृश्य ना पशुबलि के
हैं तो केवल
जर-ज़मीन ज़िन्दगी की मौत के दृश्य
जिन्हें निगलता जा रहा जलासुर
धीरे-धीरे...

समाई है धरती पहले से ही
दो-तिहाई जल में
फिर इतने कम बचे भूभाग को भी डुबोकर

कौन-सा संकट दूर कर रहा शासन
कि दुनिया
रहने लायक भी न बचे कहीं

लीला अपरम्पार—
गणितज्ञों-योजनाकारों की
कि सींचने सवा डेढ़ लाख हेक्टेयर
डुबो दिया एक लाख हेक्टेयर भूभाग
डुबो दिए कितने ही पेड़-पौधे
कीड़े-मकोड़े-तितलियाँ
उजाड़ दिए
कितने ही गाँव सिवान
पगडंडियाँ खेत पठार

काश। बहुमंजिला होती
हरसूद की धरती
तो तल ही डूबता
इन्दिरा सागर में
तब हम अपने चारेक सौ गाँवों
और हज्जारों परिवारों
और अपने खेत-खलिहानों
फसलों फासलों सहित
ऊपर की मंजिलों पर रहते
और वहीं से देख-देख मज़े लेते—
तल में समाये पानी का
देखते वहीं से बाँध बिजली और
सिंचाई की करामातें—
हिल मिलकर
और वहीं से सींचते रहते
पलेवा-पलेवा होते खेत

जिन पर
दिन दूनी रात चौगुनी
खुश होकर अन्नपूर्णा
भुस थोड़ा और
नाज घना की टेक पर
खुशहाली बरसाती रहती

तब हमें
पानी के इस सघन वन से उठती
एक एक लहर
सरसराते
पत्तों की
करतल ध्वनियों-सी अनुभूत होती
और गोल-गोल भँवरें जलपुष्प जैसी
कि जिन पर
नाचती फुदकती मछलियों की
जल क्रीड़ाएँ देखना और
जल प्रवाहों की जल तरंग के स्वर सुनना
मनोहारी होता

दोस्त ने लिखा है हरसूद से
दोस्त को
कि गाँव के गाँव उजाड़े थे तैमूरलंग ने
लेकिन बाल भी बाँका नहीं कर पाया था
पृथ्वी का वह
ना लता, वनस्पति प्रकृति पर्यावरण का
ना जल थल नभ के प्राणियों का
ना पहाड़ों-पठारों, कूल-कछारों, नद्दी-नालों का
ना ताल-तलैयों वनों उपवनों का
और ये जलासुर तो

भक्षण किए जा रहा सब कुछ
छाये जा रहा चतुर्दिक बेफेम
और लोक कथा में
जिस पक्षीपिता उलूक ने
माँगे थे बेटे के दहेज में
बेटी वाले पक्षीपिता से उजाड़ गाँव
जिन्हें पाते ही
फिर से आबाद कर लिया था
चहक-चहक कर सबने
लेकिन डूब के ये अदृश्य गाँव जंगल ज़मीन
ना तो कहीं दिए जा सकते
ना लिए

इसके उत्तर में लिखा
दोस्त को दोस्त ने यह बताते हुए कि—
गाँव के गाँव तो
जाने कितनी-कितनी बार
उजाड़े जाते रहे राज लिप्सा में
मनाये जाते रहे
तानाशाहों द्वारा हत्या के जश्न बार-बार
यह भी हुआ कि तबाह होती रही प्रकृति
और दूषित होता रहा पर्यावरण बार-बार
चाहे वह बम विस्फोट हो या गैस रिसन
अथवा न्यूक्लियर विखंडन
होता रहा महानाश सभी से
लेकिन यह त्रासदी हरसूद की
बिल्कुल अलग है
जहाँ न तो युद्ध लड़ा गया
ना भूकम्प आया
ना लाशों के ढेर लगे

यहाँ तो पेड़ से टूटे हुए पत्तों सरीखी
उजड़ने की भटकनें हैं डटकर

और उससे भी अधिक इस बात का दुख कि—
हमारी ही बनी सरकार ने वादे किए झूठे हमी से

अब करें विश्वास किस पर कि वह
हमको बताये रास्ता कि कहाँ जाकर बसेंगे हम
उजड़ने से लुटे लोगों को
यह दिलासा काफी नहीं कि
तुमसे भी ज्यादा और भी हैं इस जहाँ में दुखी
और यह दुख लिए हरसूद को बसना पड़ेगा
स्वयं के पुरुषार्थ से
और वह पुरुषार्थ
हरदम ही रहा हरसूद में

तीन जून दो हजार चार का दिन
आख़िरी दिन था हरसूद का
और हरसूदवासी
और डूबवाले सैकड़ों गाँवों के अनेको खेतिहर
अपने अपने खेत-खलिहानों वनों से
औषधि पूरित वनस्पतियों से
घर गुठान गैलों-गलियों से
पालों चौपालों और ग्राम्य देवों से
अपने-अपने साथ चलने की
मनुहारों में लगे थे
किन्तु कोई भी नहीं तैयार था
कि साथ हो लें
और जब घुसने लगा पानी तो सब

यूँ लग रहे थे
कि जैसे ठोस पर अब
तरल की चादर पड़ी हो
लहरवाली

हरसूद का उजड़ना सुनिश्चित करने लगा दी—
एक सौ चवालीस धारा सरकार ने
और बैठा दिया मन्त्री अपना
ताकि जो बचें हरसूद में वे भाग जाएँ
शीघ्र ही चाहे जहाँ

हज़ारों हज़ार लोगों के साथ
नये बसेरों के मन्सूबे लिए
विवश मन से निकल पड़ा कारवाँ
हरसूद का
मानो असंख्य दधीचि
चल पड़े हों तपोवन को
लिए अपने परिजनों को
और सरकारी धारा को
धता बताता
ध्वस्त हरसूद की टूटी दीवाल के
मलबे पर
फूटा शीशा लटकाये कन्नू नाई
बचे हुओं की
आखिरी मर्तबा हजामत करता
गाये जा रहा—
"घसे घसे फेरे अरू
घसे घसे गेरे पानी
थारा मण की बात कालूड़ा
म्हारा मण ने जाणी"

शोक गीत की तरह सुनाते हुए इसे
कुछ लोग चुपचाप मुँह लटकाए
घुँटवाये जा रहे सिर
ताकि मरती जा रही धरती माँ के शोक में
दे सकें निज बाल अपने सभी मिलकर

उधर डूब में आये
मन्दिर मस्जिद गुरुद्वारे से
अपने अपने ग्रन्थ लादे
जाने कहाँ चले जा रहे लोग
अपनी टूटी टिपटी पर बैठा नान्या
भर्राये स्वरों में गाये जा रहा—
"देखी जमाने की यारी
बिछड़े सभी बारी बारी"

आत्म शहीद होते माहौल में
करुणा का यह महाघोष
दसों दिशाओं में गूँज उठा था
और लो, अगला दिन
एक जुलाई दो हजार चार भी आ गया
जिस दिन प्रथम प्रहर से ही
हिन्दुस्ताँ की सरजमीं पर
हो चुका हरसूद मृत घोषित सदा को

देश के दीर्घतर बाँध में
इतना बड़ा कस्बा,
इतना बड़ा कृषि क्षेत्र
इतनी बड़ी वन भूमि
इतना बड़ा वितान विलीन हुआ
और टीवी चैनल्स से

दिखाये जा रहे
जल समाधि के
मातमी दृश्य लगातार

और बेशुमार बच्चे
स्कूली पोशाक पहने
किसी जलसे में
शामिल होने के बजाय
अपने-अपने घर
अपने-अपने गाँव
अपने-अपने स्कूलों से छूटकर
वजनदार बस्तों की अभ्यरत पीठों पर
दहशतों का वजन लादे
अज्ञात स्कूलों और अमूर्त घरों की तरफ़
राष्ट्रगीत को याद करते
चल पड़े परस्पर हाथ थामें पुनर्वास को
ताकि डर ना लगे आपस में किसी को

फिर भी इन्हें डर है-
बिखरकर दूर होने का
डर है
दोस्तों से छूट जाने का
डर है
गाँव भर प्यार ना मिल पाने का
इन्हें डर है
पराये स्कूलों में पराया हो जाने का

इन्हें डर है कि
बाप दादों ने जहाँ पर
नाल गाड़ी थीं

उन्हें कैसे निकालें साथ ले जाने
क्योंकि ऐसी मान्यता है लोक में
कि नहीं बचता है किसी के पास में
कुछ भी
यदि नाल उसकी
ना रहेगी साथ में

उस वक़्त तो ये काँप उठती
जब दूर कहीं रेखा तट पर
आरती के—
ये स्वर-ताल सुना
''देवी बाजत ताल मृदंग
सुर मंडल रमती
तोड़ी ताम तोड़ी ताम तोड़ा ताम
रमती रसवन्ती''

फिर भी ये बढ़े जा रहे
लदे-फदे काफिलों के साथ
एक दूजे से छूटते-विलापते
जिन्हें देख सुनाने लगते दद्दू
रायसल की गाथा से
धनाजी नायक और
नाईवाली वह कथा जिसमें
साथ छोड़ने वालों से
यह कहते हुए
चुप हो जाते हैं धना जी कि—
भारत छोड़ देना भैया
पर साथ मत छोड़ना
कि तभी पूछती हैं बेटियाँ
अगली संझावली खेलने की जगह का

यह भी कि अब वे
कहाँ के आँगनों में बैठकर
गा सकेंगी गीत गोरा के
या किस गली में खेल सकेंगी
सहेली सभी मिलकर।
कि तभी
बाँध की तरफ मुँह कर बूढ़ी माँ
रुन्धे गले से लोक गीत उचारती कि—
"म्हारी धरती नअ माता ओ
म्हारी लाज तू रखजे ओ
म्हारी सेन्या खाँअ अब ओ माता
अम्मर रखजे ओ"

और नई नवेली बहुओं को याद आता
सिंडोला का वह उत्सव
जहाँ भरी जत्रा के बीच
तेल पुते खम्भे पर चढ़ते हुड़दंगों को
सिनसिटियों से पीट पीट कर
हँसती गाती थीं
अब वे सब डूब गये

अंचल की डूब में डूब गये उत्सव
डूब गयी जत्रा मेले ठेले
डूब गये विनोद
और खत्म हो गयी सारी त्यौहारी
हरसूद ही नहीं मरा
मर गये धना जी नायक
मर गई रायसल गाथा
मर गये ढोला-मारु
मर गये ओझा-ओझी

मर गये देवधामी
मर गये आल्हा-ऊदल ग्राम्य रक्षक

कि तभी
काफिलों में आ मिलते
स्वयंसेवी लोग
जिनमें से कुछ लगाते नारे
कुछ गाते गीत ऐसे जो दुखों को बाँटते
और धीरे-धीरे अदृश्य होते रहते
कपसीले बादलों की तरह
सिर्फ शान्तानद बाबा ही
हमेशा की तरह लोक साथी हैं
साथ सबके
जो कि पिछली पीढ़ियों से
आ रहे हैं घूमते इस नर्मदा की तलहटी पर
वही लम्बे बाँस सी काया लिए ऊँची
कि जिस पर श्वेत चादर ओढ़ते चलते
तो लगता यूँ कि
हवा में कोई पताका
शान्ति की लहरा रही हो सरसराती
और जिनके हाथों में रक्खा
सवा बालिश्त का लोटा चमकता यूँ कि
कोई दमकता तारा उदित है—
हाथ में उनके
जो कि पल भर भी न उनसे दूर होता
और जो हर वक़्त
उनके काम को तैयार रहता
दाल-रोटी, भोज्य सामग्री
सभी कुछ रख उसी में जीमते
उसी से ग्रहण करते

रस रसायन दूध मट्‌ठा जल
उसी में वे दिखाते
बाल–बच्चों युवा, वृद्धों को
हजारों चित्र दृश्यों की तरह जादूगरी के
और उसमें कंकड़ों को भर खड़खड़ाकर बजाते गाते
देश के आजाद होने के तराने
कि कैसे, कब, कहाँ
अँग्रेज शासक को क्रान्तिवीरों संग उन्होंने
नाकों चने चबाये कितने
और कैसे वे यहाँ इस क्षेत्र में
देश को आज़ाद करने वास्ते
चेतना जन–जन के अन्दर
जगाने आये हुए थे

आजाद भारत में भी हैं
क़िस्से हज़ारों याद उनको
जिन्हें वे लोटा बजाकर सुनाते तो
मुग्ध मन से सुना करते लोग
वे कहानी हरिजनों के मन्दिरों में गमन की हों
या कि शिव की अर्चना में आशुतोषी भावना की
या कि घाटों, कछारों पर हो रहे जनकर्म की हों
कई क़िस्से याद उनको लोक जीवन के
किन्तु अब हैं सोच में
जन सैलव संग चलते हुए
कि क्या सुनायें क्या बतायें अब इन्हें
कि तभी वे रुक गये सहसा
और चिल्लाने लगे कि जो भी किया है याद
भुला देना चाहता उसे
कर देना चाहता सुने को अनसुना
देखे को अनदेखा कर हो जाना चाहता दृश्यहीन

मिटा देना चाहता तमाम प्रतीतियाँ
जो कि कर्म और ज्ञान के खाते में दर्ज है अब भी
हो जाना चाहता मुक्त उनसे
जो अब भी जकड़े प्रारब्ध को
न्याय और प्रतिरोध की राह पर
चलने को यह सब
एक साथ करना ही होगा हमें—

यह कहते हुए
अपने लोटे से पिलाने लगे पानी सभी को
ताकि खाँसी-खकार, ठसका-ठसकी
छींक-वींक, टट्टी-पेशाब ठीक से होते रहे सबको
और सूख न पाये बदन से पानी किसी का
और स्वस्थ तन स्वस्थ मन से
बसाहट हो सके सबकी
ताकि जहाँ भी जायें वहाँ
एक नये हरसूद का जन्म हो हमारे अन्दर से

और हम—
डूबकर डूबा नहीं हरसूद जैसे भाव का
उद्घोष कर सकें आकाश तक
यह कहते हुए शान्तानन्द बाबा
आज़ादी के बाद की बेवतनी में
आज़ाद वतन के
आज़ाद सपने बोने के संकल्प लिए
चल पड़ते लोगों के साथ

वह सब डूब गया
जहाँ बाल्या चराया था ढोर-डाँगर
गाय-बैल, केड़ा-केड़ी, पाड़ा, पाड़ी,

भैंस-बोधा, बकरा-बकरी
बटोरती थी बन्नो लकड़ियाँ दड़ों से
लगाते थे वंशियाँ बंगाली बाबू
बीनती थी सिला बीनने वाली
कटे खेतों से टूटकर गिरी
गेहूँ की बालियाँ

राम सेठ के वे गड्ढे जिन्हें
पीढ़ियों से खोदते रहे सींगों से सांड़
लेकिन नहीं मिला दफीना कभी
तो घूरे के ही काम आते रहे वे
और लल्लू लुहार की
धमन भट्टी पर चलते रहे
तपते लोहे पर घन
पकते रहे कन्नू कुम्हार के भट्टे
कारीगिरों की करामातें
रैदास की थिरकती राँपियों से उठते—
''ऐसी अरज करे रैदासा'' वाले पद
डूब गये रेवापरिक्रम करते
ओंकारेश्वर की अपनी तपस्थली में
आदि शंकराचार्य की रेवाष्टक के ये पद—
''सविन्दु सिन्धु सुस्खलं
तरंग भंग रंजितं
द्विषत्सु पाप जात जात कारि
कारि संयुतम्
कृतान्त दूत काल भूत
भीतिहारि वर्मद
त्वदीय पाद पंकजं
नमामि देवि नर्मदे''
[अपने जल बिन्दुओं से सिन्धु सम्मान उछलती हुई तरंगों में

मनोहरता वाले तथा शत्रुओं के भी पाप के विरोधी और कालरूप यमदूतों के भहरने वाली, अतएव सब भाँति रक्षा करनेवाली— हे देवि नर्मदा तुम्हारे जलयुत चरण कमलों को मैं प्रणाम करता हूँ।]

अब डूब गये जस के तस सबके सब
और खत्म हो गये वे घाट
जिन पर जोर लगाके हैया कहते ही
चढ़ जाते थे
भरे छकड़ों के बैल फुर्ती से

वृक्ष खड़े हैं लेकिन उनकी
जड़ें जला दीं जल ने
और वे दस्तावेज वे रजिस्ट्रियाँ
वे चिट्ठी-पत्री
वह प्रेमगन्ध
जो छिबा-छिबाई खेलते
घाटों से रपटों तक
फिसल-फिसल कर
सम्मोहित करती रही
दफन हो गयी

इतनी जलराशि
जैसे हो रेगिस्तान
जहाँ रेत के डूह के डूह
कि जिनकी रेती के कण-कण पर
बैठे चाँद सितारे कोटि-कोटि लगते
और सूर्य की आवर्तित किरणें
प्यासे हरिणों के प्राणों में
जल की लहरों सा भ्रम देकर

बवंडरों के कफ़न उड़ातीं
और यहाँ पानी ही पानी
जिसके कारण पीछे हटते जाते हरदम

हटते हटते अब तो यह कि
नहीं बचा धरती का छोर
और पुनर्वास की झोलियाँ
वहीं की वहीं
बनबागुरों जैसी हवा में लटका दी हैं
जिनसे सरकारी आश्वासनों का बीट
टपक रहा है

अब न तो पुनर्वास होगा कहीं
ना स्थापन
ना लड़ सकेंगे कभी हम—
हमारे लिए मिलकर
ना हमारे वास्ते कोई लड़ेंगे
थक गये इतने कि अब तो
मौत तक छोटी हुई है इस थकान के सामने
और सरकारें चल रही हैं—
बन्द चलती नहर सी
जो कि हर एक पाँच सालों में
एक दूजे की गिनाती ही रहा करतीं गल्तियाँ
और हम सब अब पुरानी बागुड़ों जैसे—
इन सभी साँड़ों से
चकनाचूर ही होते रहेंगे
किन्तु इसके बाद भी
आत्महत्या नहीं करेंगे हम कभी
हम जियेंगे यहीं माँ की गोद में
और ऐसी चेतना हरदम रखेंगे हृदय में कि

कभी भी भूलकर भी ना भुला दें
घरों को अपने
इसी ताक़त को लिए लो बढ़ रहे हम
माथों कन्धों हाथों के सामान लिए
और पोटलियाँ अपनी गर्दनों में टाँगे

ढोर-डाँगर
गाड़ी-बैल
छेरा-छेरी
कुत्ता-कुत्ती पिल्लों सहित
बल्कि चिड़ियों चेनुओं के साथ
बढ़ा जा रहा काफिला हमारा
जिनके हरेक जन की कम्मर में
बन्धे जड़े गाँवों के सपने
और ओख भर माटी अपने खेतों की
ताकि जहाँ भी बसें वहाँ—
बेडूब हरसूद की तरह फैला दें आसपास डटकर
और पल-पल, साँस-साँस, कदम-कदम
करते रहे महसूस यह कि
डूबकर डूबा नहीं हरसूद
जो
कि अब भी
पास है हरदम हमारे

देख रही सरकार,
व्यवस्था की नज़रों से इन सारे दृश्यों को
और घड़ियाली आँसू की स्याही से
पुनर्वास के पट्टों पर
आश्वासन लिखती
छपवाती इसी स्याही से

पुनर्वास के झूठे विज्ञापन
और बड़बोले भाषणों की झड़ी लगाये
सूख सपनों के
मर्मान्तक दृश्य देखती रहती
चाहे जहाँ से

व्यवस्था जब हो जाती दर्शक
तब वह करुणा को भी
देखा करती जश्न सरीखी
और करुणा करके करुणानिधि रोये वाली
उक्ति का स्वाँग रचते हुए
सुदामा को और और सुदामा होने के वास्ते
बेवतन कर सदा-सदा को डुबो देती

व्यवस्था जब हो जाती भ्रष्ट
तो वह लोक कल्याण के नाम पर
आश्वासनों के जाल बनाने को फैक्ट्रियाँ खोल देती
जिन्हें हर जगह फैलाती जाती
अँधेरों में
ताकि लोग—
उजालों की उत्सुकता लिए
उनके इन्तज़ार में चुपचाप बैठे रहें
और उजाले कभी प्रकट ही न हो सकें
इसका प्रबन्ध वह पहले से कर लेती

व्यवस्था जब हो जाती भाषणबाज
तब वह—
बड़ बोलेपन की
ऐसी गूँज उठाती हर जगह
कि उसी उसी के महाघोष से

भरा समाज उसी उसी की
जय जयकार के मोह में डूबा
उबर ही नहीं पाता संकटों से अपने
भाषणबाज व्यवस्था
उस चाय के होटल की तरह होती—
जिसकी केटली में पत्तियों का उबाल
कभी कम न होता
और जिसके लिए हर आदमी
एक खाली कुल्हड़ की तरह होता
जिसे भरा जाता मनमाफिक
और पीने के बाद बेमन से—
फेंक दिया जाता फाटक से दूर
चुनाव के बाद फेंकी हुई
जनता की तरह

इतने रंग-रोगन लिए होती व्यवस्था
कि जो भी जाता उसके पास
उसी के रंग में डुबो देती उसे
और इस तरह कहती है कि—
उसने जो भव्य बाँध बाँधा है
उसकी छटा
ऐसे तिल के मानिन्द है
जो कल्याणकारी अन्न योजना के चेहरे का
सौन्दर्य बढ़ाती है
और इन्दिरा सागर जहाँ बना है
वह हंडिया नेमावर वाली मध्य रेवा की
नाभिकुंड वाली जगह से काफी नीचे है
देख जिसे यूँ लगता मानो
वह रेवा की—
नाभिनाल से जुड़ा हुआ

आरोपित मस्सा हो खूब बड़ा

लाख चाहो किन्तु अब तो कोई भी
रह न पाएगा कभी हरसूद में
अब नहीं है शेष कुछ भी
सिर्फ माँग्या ही बचा है,
जो कि दिन भर चीखता
पागल सरीखा
भटकता है रातदिन
बैक वाटर के सरीखा
क्योंकि उसको उसके हिस्से का नहीं—
कुछ भी मिला
क्योंकि उसकी मिल्कियत फुटपाथ थी
और उसके पिता का शुभनाम था हरसूद
कालीमाचक माँ रही उसकी सदा ही
और अब वे सब हुए मरहूम
बाप भी जलमग्न
डूबी माँ सदा को
और उसकी वल्दियत तक
हो गयी है बेदखल

देख उसको
याद आता वाकया हमको कि जब
नीरू बजाये जा रहा था रोम की वंशी
और सारा रोम धू धू जल रहा था
अब यही तो माजरा है
रोम जैसा
जहाँ मेरा शहर नदियाँ गाँव
सबके सब बिना अपराध के कोई
डुबाये जा रहे

और इनकी मौत पर
राजनेता व्यवस्थापक कानूनविद्,
मन्त्री सन्तरी आला अफसर
खबरखोजी पुलिसदल वगैरह
अपनी अपनी रोटियाँ
इन बेदखल होते हुओं की
आह लपटों पर
सेंक करके खा रहे हैं

यही गुनते हुए
एक दूजे की तरफ चुप देखते
खामोश हैं कि तभी
शिवशंकर शर्मा को याद करता माँग्या
कि जो संस्था चलाते थे साहित्य की
कि जिसमें मान होता रहा था
साहित्यकारों कलाकारों का सदा
और यह सब डूब के अन्तिम दिनों तक
शान से होता रहा—
संस्कार नगरी में हमारी
और मैं भी काव्य प्रणयन में यहाँ
डूबा हुआ था
किन्तु अब वह कला—मंथन
और संयोजक श्रोता सभी
छिटककर पारे सरीखे
दूर तक बिखरे हुए हैं

और लादूराम सिन्धी
जो विभाजन के बखत
यहाँ आकर बसा था नागरिक बन
फिर उजड़कर बेवतन शरणार्थी है

साथ जिसके जा रहा
फिर से बसाया घर
तीसरा घर बसाने को फिर कहीं

अब न मिल पायेंगे कहीं हरसूद में
हरसूद जैसे गले मिलते
क्योंकि अब तो यहाँ
एक जंगल है पानी का
जो हो चुका आरक्षित

एक पहाड़ है पानी का
जिसकी पसलियों को
खेत तक नहरें बना फैला दिया है
एक आग है पानी की
जो विद्युत बन दहक रही
एक लक्ष्य है अन्नपूर्णा का—
जो फसलों में महक रहा दूर तक
वह सब हो गया जलमग्न—
एक मूक प्राणी की तरह
कल्याण कामना के नाम पर
चढ़ा दिया बलिवेदी पर पूरा क्षेत्र।

क्या कर रही झाबुआ में नर्मदा गोंड झीलों संग
और महाराष्ट्र में?

क्या कर रही गुजरात में
आदिवासियों, नाविकों मल्लाहों संग
और खम्बात की खाड़ी में?

पूछती है डूबी पृथ्वी

जल तरंगों से
और उत्तर में
बाँध को ही बोलना पड़ता
कि वह हर जगह
भूख और गरीबों और अभाव मिटाने में
व्यस्त है
जबकि हकीकत यह है कि
चिड़ियों के ग्रास चील के भागी
और बुझ गयी
जन्म जन्मान्तरों तक
बेदखल परिवारों की वह आगी
जो उन्होंने विरासत में पायी थी

हरसूद आग है हमारी नींद में,
टिहकारती हुई गिलहरियों की उठी हुई
झब्बर पूँछ
और तितलियों की जगर-मगर
फुदक की तरह
हमारे सपनों में हरसूद
माँग्या बनकर आता है
जो हर गलत-सलत के ख़िलाफ़
महाप्रलय-सी गर्जना करता
अपनी अनादि जागृत आँखों से
जगाता है
शहर गाँव के विकट सन्नाटों को

माँग्या जानता है
मुआवजे में मिली
रकम की
चकाचौंध के पीछे से झाँकती

भेड़िया आँखों की
वहशी चमक को
लोक कल्याण की घोषणाओं की
परछाईं से
वह गुमराह नहीं होता
और तानता है पत्थर
आसमान में ऊँची उड़ती चील पर
खेतों को पानी
और बच्चों को गुड़ धानी
देने का भुलाव
माँग्या को नहीं छल पाता
लेकिन खाकी वर्दियों
पुलिसिया बूटों लाठियों और
खनकते सिक्कों की आवाज़ के शोर में
अनसुनी रह जाती है माँग्या की आवाज़

और वह धारा 144 के वक़्त
सिपाही से डंडा खाये
अपने इकलौते
संगी साथी
लंगड़े कुत्ते की पीठ पर
हाथ फेरते हुए
लुटी पिटी कटी छँटी
अमराई की तरफ़ देखता है
और सोचता है
बीते हुए बसन्त के बारे में
कि जिनमें कूकती कोयलें
सहगान के स्वर से
पूरी बस्ती को
पूरी गर्मियों तक

तर-ब-तर रखती रहीं—
लू के सपाटों में
और भी सब सोचता माँग्या
कि जो जो याद आता
तेजगति से
बहारों के उजड़कर—
वीरान होने पर
हमें उजाड़कर
बनाकर निर्वासिया
और फैलाकर
कबाड़ की तरह
और क्या करना-कहना चाहते हैं
अब भी

कहीं और जाकर
मरना है हमें
जन्म लेना है हमारी पीढ़ियों को
और जाकर के रहेंगे
शरणार्थी-से हम कहीं—
याद कर छोड़े वतन को
कि जिनकी आँख में आँसू
हमेशा
बाँध से ज्यादा रहेंगे
कि जिनमें
नमक के संग
त्याग व उपकार का भी
अंश होगा
जहाँ जायेंगे
बसायेंगे
सभी कुछ

किन्तु फिर भी वहाँ हमको
समय भी ज्यादा लगेगा युगों जैसा
उस वखत हम
कहाँ जायेंगे नहाने
और धोने
और हगने मूतने
और कचरा झाड़ने झटकारने

जहाँ भी हम यह करेंगे
हर जगह डंडे पड़ेंगे पीठ पर
पेट पर तो आपने भी खूब मारे हैं
लोग हर पल पराया ही कहेंगे
और हमको पीढ़ियों तक
अछूतों-सी
परायों-सी
बेवतन होते हुओं-सी
ज़िन्दगी जीना पड़ेगी
नाम जोड़े जायेंगे
जब भी जहाँ—
मतदान सूची में
वहाँ भी

हम प्रवासी ही कहे जाते रहेंगे
इन सभी अपमान को सहते हुए
घूमते शरणार्थी से
हमें अपने घर बसाने हैं इसी यायावरी में
जन्म देना है नयी सन्तान को
ताकि दौड़ा करे लोहू पीढ़ियों तक

बिना इच्छा के हमारी
जो कराया गया हमसे
उसे ना तो

त्याग कह सकते कभी हम
ना कभी उपकार ही

मारकर बेवतन करना
क्या यही
प्रतिरूप है उपकार का?

तुमने जिसको नदी मानकर
बाँध दिया वह
तपस्थली है—
ऋषि मुनियों चिन्तक सिद्धों की
सन्त फकीरों अलमस्तों की अरिहन्तों की
नित्यार्चन है सप्तपुड़ा की
प्रणत विन्ध्य की विनयशीलता
ज्ञान ध्यान की श्रोतस्विनी है
अमरकंठ की अमर प्रार्थना
ब्रह्मचारिणी है संस्कृति की
जगदगुरु की रेवाष्टक है,
बेगड़ की सुन्दरम नर्मदा
और अमरगाथा पुराण की

इसी नर्मदा की पावन देही की
शल्यक्रिया कर
वास्तुविदों संग तुमने ऊँचा बाँध बनाया
और छीन ली रेवा उन आदि निवासी
वनचर वनवासी समाज से
जो मेहनत कर
रेवा के बल पर जीते थे
उन्हें भिखारी बना दिया युग युग तक
तुमने।

याद रखो
कि चीज़ें नहीं होतीं
सिर्फ चीज़ें
जुड़ी होतीं कई-कई संवेदनाएँ
उनके साथ हमारी
यह सोचते हुए
देखता हूँ
निन्यानवे साल की अपनी माँ को
जिनके कान, नाक, आँख ठीकठाक हैं,
और जो आज भी
नाना से मिले दहेज वाले
अपने टूटे हुए सन्दूकचे और निकालकर
चाहे जब निरखती रहती
पिता की टोपी
जब कभी मैं देख लेता उन्हें—
ऐसे क्षणों में तो—
झट्ट मेरे पास आकर
देखती ऐसे कि उसकी हों हज़ारों आँख
जो पिता की अमानत को
इस तरह से देखने के वास्ते
साबुत बची हैं

चीज़ें ही नहीं डुबाईं तुमने
डुबा दी संवेदनाएँ
कि जिनमें बाप दादों की अमानत
कई रूपों में रखी थीं—
माँ बहन बेटी सभी के पास
झोली में जतन से

पदचिह्न तक भी
नहीं होते खत्म

चाहे रेत में हों—
कि जिनको देख करके पीढ़ियाँ,
प्राप्त करती आ रही हैं मंजिलें अब तक

और जो अर्जित किया था
पूर्वजों से आज तक
वह सभी कुछ
स्याह जल में बिना सोचे
डुबो करके धर दिया तुमने
देख लो उन बुलबुलों को
जो निरन्तर उठ रहे हैं
बाँध के सूने तटों के नीर से
वे हमारी
इन्हीं डूबी हुई चीज़ों
और भावों विचारों को
आह में डूबी उसाँसें हैं

बेकवाटर के सरीखे
इन्हीं काले कारनामों से सने
काले इरादों ने तुम्हारे
सभी पाँचों महाद्वीपों में
सिर्फ़ सत्ता और धन की लालसा से
नाश के काँटे बिछाये हैं
उन अनेक देशों में
जो कि अपनी प्रजा के उत्थान में
मनुजता के गीत गाते
नव सृजन की ज्योति लेकर
रात दिन श्रम साधना में लीन हैं—
सारी दिशा में
यह सच है कि
एक न एक दिन छँट जाती है राख

और धरती फिर से हो जाती शस्यश्यामला
लेकिन कभी नहीं मिट पाते
उन घावों के निशान
जो सियासत ने दिए हों
व्यवस्था के गुप्त शस्त्रों से
इन्हीं घावों को लिए मन में
फैल जायेंगे जमीं पर हर कहीं
और जायेंगे जहाँ भी हम
वहाँ फैले रहेंगे दूर तक
खेत में फूली हुई सरसों सरीखे
हर फसल के साथ में।

है नहीं माँग्या हमारे साथ अब
हमारी पुनर्वासी जगहों पर
किन्तु उसके वस्त्र अब भी पड़े हैं
बाँध के सुनसान तट पर खड़े गूलर के तले
और उसकी आत्मा कोरकू जनजाति के
उजड़े हुए सूने ठिकानों से गा रही यह—
"नरबदा माई दारोमन
नरबदा माई दारोमन
दीवाना बाले डो
दीवाना बाले डो
सोना टाड़ा लोमानी
सोना टाड़ा लोमानी
दीवाना बाले डो
दीवाना बाले डो"

(अर्थात हम सब परिवार सोने की थाली में दीया रखे नर्मदा के आँगन में दीया जलाने जा रहे हैं)

मांग्या की आत्मा टेरती है कोरकू परिवार को
इस राग में—'काय कारने बुलाड़ो'

'सीटी देने बुलाड़ो।'

(मुँह से सीटियाँ बजा-बज़ाकर टेरती है मांग्या की आत्मा कि नरबदा मैया के आँगन में दीया जलाकर जल्दी लौट आओ भैया वरना फँस जाओगे बाँध के चढ़ते पानी में कि जिससे जान बचाने के लाले पड़ेंगे।)

हर शहर की तकदीर
मोहनजोदड़ो जैसी नहीं होती
कि हर दशा में बोलने को रहे तत्पर
पुरातत्त्वों की हज़ारों बन्दिशों के बाद भी

अब का डूबा हरसूद
कब निकलेगा
यह भविष्य नहीं बतला सकता मैं

(राम करे कि ना आये जलजला कोई— वरना जो भी होगा बहुत ही वीभत्स होगा)

जो शहर ज़िन्दा रहे
वे भी अपने अन्दर
पुरातनता के निर्मोक को
मृत स्मारकों की तरह ही बचा पाये

ऐसे में कितना बाजिब है
इस इच्छा का होना
कि हरसूद बचा रहे हमेशा

दूर तक
बाँध के पानी को देखकर
मैं सोचता हूँ—
बनी रहना चाहिए
पानी के भीतर से भी
आग के बाहर निकलने की ताक़त।

• • •

स्वप्न में उदित होता हरसूद

और यह हरसूद
जो उदित हो रहा है—
स्वप्न में मेरे
एक आग की तरह है
जो बरहमेश धधकता रहेगा
कई कई अर्थों के साथ
दुनिया भर में
एक ऐसे कस्बे की तरह
कि जिसकी जड़े हैं पाताल तक
एक ऐसी चोटी की तरह
कि जो ऊँची से ऊँची चोटी की तरह
ऊँची है आकाश तक

जिस दिन—
डूबे इलाकों की बाँहे थामें
डूब चुका हरसूद कभी ऊपर आयेगा
तो—डूबकर डूबा नहीं हरसूद हमारा
यह उदघोष प्रकृति का कण कण गायेगा
तब तक हरसूद पुराना
जाने कहाँ कहाँ बिखरकर
हो चुका होगा आबाद

और स्वप्न से उदित यह हरसूद
सभी की सेवा में यूँ लग जायेगा
मानों उसका पुनर्जन्म हो इसी वास्ते

तब हमारी रगों में छलछलाकर

खून के मानिन्द हरदम
दौड़ता ही रहेगा हरसूद
धरती की उमर तक
जिसे हम
धान से निकले हुए
अक्षत अन्न जैसा
या कि
हिकमत से तराशे हुए नग की तरह
या कि
लाखों सम्पुटों से सनी संजीवनी सरीखा
हर बखत पाया करेंगे निकट
अपने प्राण से ज्यादा॥

❑❑❑